Pensées d'octobre

Perseline Perriaux

Pensées d'octobre

Recueil de poèmes

Illustrations : Dame Ange
Mise en page : @gomb.art

Édition : BoD • Books on Demand GmbH, In de Tarpen 42, 22848 Norderstedt (Allemagne)
Impression : Libri Plureos GmbH, Friedensallee 273, 22763 Hamburg (Allemagne)

ISBN : 978-2-3224-7807-1
Dépôt légal : septembre 2024

Introduction

Ce recueil est né il y a déjà (fort) longtemps. Il vous appartient de parcourir ces vers à présent.

Vous pouvez aussi, si vous êtes curieux.se lire cette introduction, cet *incipit*. Il me semblait essentiel de vous parler de la jeune fille qui a écrit ses mots sur l'écran bleuté de son téléphone. Il était important pour moi de vous narrer le chemin que ces mêmes mots ont traversé pour arriver entre vos mains.

En août 2019, je fêtais mes vingt-cinq ans. Deux mois plus tôt, j'avais terminé mes études au conservatoire. Je clôturais de longues années de lutte pour obtenir le titre, ou dirai-je le *rôle*, de « comédienne ». Et bien que mon vœu soit enfin exaucé, je n'étais pas heureuse. Je traversais un long épisode mélancolique dont seules les âmes torturées ont le secret… Je n'avais aucun projet, plus aucune énergie, et, *oserais-je l'avouer ?* Plus de créativité.

Pourtant, au mois d'octobre 2019, j'ai vu passer sur Instagram une publication pour le « *poetrinktober* » proposé par @writealm. Joueuse par nature, j'ai décidé de me lancer à corps perdu dans ce challenge. Chaque jour, je me devais d'écrire un texte en lien avec le mot imposé. Chaque jour, je retrouvais le chemin de mes pensées, de ma créativité, du plaisir de créer. Je prenais même des photos afin de mettre en image ces textes. Quelques-unes de ces photos sont aujourd'hui devenues les illustrations que vous pouvez trouver dans ce recueil.

La traversée de ces trente poèmes a atténué ma mélancolie.

Il m'aura fallu cinq ans de plus pour oser concrétiser un autre de mes rêves d'enfant : publier un livre. Je n'ai pas souhaité retravailler ces textes. Ils ont été écrits ainsi par la jeune fille que j'étais, et il incombe à la jeune femme que je suis à présent de lui rendre hommage, de la respecter. J'ai simplement choisi de classer ces poèmes par thématiques.

Merci à celleux qui ont rendu cela possible. Merci aux fées qui m'ont accompagnée. Sans vous, jamais ces pensées n'auraient franchi mes doigts.

Je ne sais si vous êtes aussi joueur.se, mais si jamais, je vous propose de retrouver parmi la liste des trente mots imposés par @writealm lequel m'a inspirée pour chaque poème...

Fluid – Lush – Whisper – Look Up – To Love is... – Starry Night – Unwind – Heart Strings – Sacrifice – We Keep Growing – Preparation – Hold Tight – Let Go – Life Is... – Slow Dance – Handful Of Light – Look Back – Constellations – Inside Me – Unexpected Kindness – Crumple – Before Eternity – Surprise Me – Shiver(ing) – Murmur – One Of Us – Every Heart A Song – Over & Over – Sometimes I Dream – Surrender

Le temps du moi

Le temps des amours

Le temps des légendes

Le temps des mots

Au temps des miens

Le temps du moi

La Source

Tout est né de la Source.

La Source a vu bien d'autres temps,

Elle s'écoule sans questionnement, sans relâchement,

Elle donne, fait naître de ses liquides entrailles le vivant.

Elle laisse s'écouler les ans,

Puis quand le temps est venu, quand le glas sonne,

Tout revient à la Source.

Elle boit les âmes venues la rejoindre,

Tout en les abreuvant d'une ultime étreinte.

Oui, la Source est le commencement et la fin de tout car

Tout est né de la Source

Baptême

Univers aqueux qui entre en moi, s'empare de moi,

Vient réveiller mes mémoires d'autrefois.

Monde profond m'emportant aux confins du silence,

Tu effaces mes souillures passées,

Tu effleures mon âme écorchée.

Monde étrange où le temps est asphyxié,

Permets à mon corps d'entrer dans cette religieuse transe,

Permets à ton courant d'effacer la poussière, par mes démons, laissée.

Monde sacré où la pesanteur n'a plus place,

Couronne-moi de pureté, pare-moi de grâce,

Que j'affronte jours et nuits encore une fois.

L'épée de lumière

Je m'effraie du songe qui
Me plonge dans l'abîme de mon être.
Là tout n'est que dédale et ténèbres,
Où résonne sans fin une note entêtante qui
Tape sur mes tempes, et oppresse mon cœur.

Pas un endroit où s'enfuir,
Pas un couloir à emprunter,
Et pourtant je commence à courir,
À m'époumoner.

Les monstres de mon enfance agrippent mes jambes,
Leurs griffes laissent s'échapper des torrents de sang,
Des sillons de larmes creusent mes joues.

Jusqu'à
L'apparition d'un astre lointain,
Le gardien de mes profonds souterrains,
Armé de son épée de lumière
Il chasse un à un,
Ces mauvais rêves.

La bête de mes entrailles

Il est quelques notes cristallines qui résonnent en mon être,
De lointains échos d'étoiles,
Une danse légère,
Le souvenir d'un âge médiéval.

Tout y est paisible et doux,
Tout n'est que paix et chaleur.

Jusqu'à ce que retentisse le cri.
La stridente dissonance venant briser ce royaume enchanté.

À présent déferlent des flots noirs de rage et de regrets.
La bête enfuie en mes boyaux rugit
Et dévore tout espoir.
Elle règne tapie au creux de moi,
Son royaume prenant toujours plus le pas
De la lumière en moi.
À jamais enchaînée à mes entrailles,
Elle réclamera toujours son dû, sous peine d'infâmes représailles.
Bête immonde rongeant mon existence,
Terrible monstre se nourrissant de mes souffrances,
Je ne pourrai te vaincre
Que lors de l'ultime étreinte.

Au fond du sablier

Les grains s'écoulent inlassablement au fond du sablier,
À peine le temps d'une respiration que lundi s'annonce déjà,
La course nous emporte et nous voilà vieux à présent,
Où sont passés nos 18 ans ?

Cet été où nous nous croyions invincibles, beaux, empreints d'immortalité,
Ces jours où tout était encore à construire, où l'échec n'existait pas,
Ces heures qui s'étiolaient indéfiniment pour nous laisser le temps,
De cueillir les joies de nos 18 ans.

La bande sur laquelle défilent nos existences s'est accélérée avec les années,
Prise dans un tourbillon de départs et de paillettes, d'effondrement et de
solitude,
Hier ne nous semble pas si loin pourtant,
J'aimerais savoir ce que sont devenu.e.s celleux qui ont partagé mes 18 ans.

Avant l'éternité

Il viendra bien le temps où l'on ne sera plus
Où Elle viendra réclamer son dû

Poussière que je suis
Matière organique pour un temps,
Cendres pour des siècles à venir

Enveloppe nerveuse et fragile qui m'a accompagnée
Nous voilà, à présent, parties en fumée

C'est sur le bûcher du prince troyen
C'est avec les braises des rois païens
Que je veux exulter
Pour que la chaleur s'empare, enfin
De ce corps décharné

Et que vienne la longue nuit
Et que s'arrête la grande aiguille
Je suis prête pour l'oubli

Remède

J'ai été contaminée par la maladie du voyage

Douce souffrance dont le remède est l'évasion et la découverte

J'ai longtemps cru que je n'y aurais accès qu'à travers des livres d'images

Sissi avait son train, son bateau, son palais grec

Et sur ses pas je fuis aussi un monde où je ne me reconnais pas.

Je passe mon tour dans ce monde de grande personne

Je ne sais pas exister lorsque tout est trop concret

Esprit étrange qu'est le mien, lieu obscur où aucun de vos codes ne résonne

Enfant rêveuse et solitaire qui parlait à l'invisible

Adolescente torturée et isolée qui vomissait votre univers

Adulte artiste et prisonnière qui souhaite s'échapper

Fuir ce quotidien de doutes et d'angoisses

Me retrouver sur le haut d'une colline à hurler en chœur avec le vent

Quitter ma cage dorée

Me confronter enfin à mes vies passées

Ne dit-on pas partir pour mieux se (re)trouver ?

Ainsi donc, à tout jamais je m'évaderai.

S'évaporer

Ne plus être

Devenir eau

Être larme

Liquide

Puis respirer

Ouvrir

Accepter

Prendre

Et lâcher

Souffler

Laisser passer

Couler

Le temps des amours

Le vent du Nord

Dès que souffle le vent du Nord
Tu t'échappes loin de moi
Jusqu'à ce que tu reviennes à bon port
Au creux de mes bras

Belle Amazone intrépide
Tu ne supportes cette vie ici-bas
Tu préfères voir aux confins du monde les Perséides
Et languir attachée au mât

Cruelle Sirène indomptable
Sais-tu qu'à chaque adieu
Mon être s'effondre peu à peu ?

Mais

Dès que souffle le vent du Nord
Tu t'échappes loin de moi
Jusqu'à ce que tu reviennes à bon port
Au creux de mes bras

Gravés

J'ai oublié
Ce que c'était qu'aimer.

Si doux Amour peut-il être,
Ne m'en reste qu'un goût amer.

J'ai déchanté
Quand tu m'as délaissée.

Si seule sans mon impitoyable maître,
Abandonnée au milieu de nos chimères.

Ne reste que mes mots gravés
Aimer c'est

Se perdre au pays du Chapelier,
Déchirer ma peau pour combler tes plaies,
Se laisser transpercer par la lance sacrée,
Déchiffrer tes maux pour t'apprivoiser,
S'engager pour une éternité,
Digérer nos fléaux pour continuer d'avancer,
S'enrager à la nuit tombée

La suite tu l'as effacée,

Trop abstrait pour t'impressionner.
Trop de musicalité à faire résonner.

Pourtant...

Comment oublier ce que c'était que t'aimer

L'ombre

Je cherche l'ombre,

Pour ne plus suffoquer,

Pour ne plus m'embraser,

Même au centre de nos décombres.

Chaque pas me reconduit inlassablement à toi,

Un malheureux chemin de briques jaunes,

Qui m'emporte à chaque fois,

Jusqu'au triste trône

D'où tu régnais autrefois.

Maintenant tout n'est plus que cendres

Je t'ai trop fait attendre.

Je lève ces yeux noyés une dernière fois,

Vers ce soleil qui voulait être mon roi,

Et à qui j'ai dit tout est trop sombre en moi,

Pour que j'y laisse entrer ton brillant émoi

Nuit étoilée

Le ciel ce soir est noir de nuit.
Pas un seul rayon d'argent pour éclairer tes ténèbres,
Juste le clapotis de la pluie.

Entre tes os il fait si froid à présent,
Pas un mouvement,
Pas un souffle,
Juste tes yeux ouverts sur l'immensité d'un complexe Univers.

Le calme d'une nuit sans Lune,
La dérision de ton infortune,
La fin d'une course effrénée,
L'achèvement de ta destinée.

Elle n'est plus là avec ses doux baisers,
Il n'y a plus ses longs bras pour t'enlacer

Plus qu'un sillage d'ardeur,
Un effluve de tristesse,
Un relent d'Amour.

Belle Vénus interdite,
Temple de tes passions inavouées,
Intrigante Sappho aux parfums d'Aphrodite,
Demeure de tes lèvres embrasées,
Elle n'est plus qu'un fantôme des lunaisons passées.

Ta poitrine souffre un dernier soubresaut
Et Diane t'offre en cadeau la lumière de tes sœurs envolées trop tôt.

Flammes lointaines au chagrin trop grand,

Aux goûts indécents,

Dont la splendeur condamne les ignorants.

Mes attaches

Il y a fort longtemps que je suis mariée,
Bien avant que je ne sois née,
Je lui appartenais,
Nous sommes lié.e.s,
Vous voyez.

À l'instant où sa voix a résonné en moi,
Je savais qu'il n'existait plus d'autre choix.
Lui vouer mon âme à jamais,
Lui offrir le nombre de mes années.

S'attacher et promettre l'éternité,
À l'être qui m'a éveillée.

Céleste créature qui n'existe pas.

SACRIFICE

Sur l'autel de pierres, entourées d'os et de peaux la brune repose.

Abandonné tout espoir de salut, elle sera ce soir l'offrande à mon amour perdu.

Cris et pleurs n'ont pu adoucir la rage de mon sang.

Retenue par le lierre du bois, dévêtue elle s'expose.

Innocente, dit-elle, si belle en se débattant.

Foutre s'écoule pourtant du creux de ses reins.

Ignorait-elle, l'angélique catin, qu'on ne s'approche pas des miens ?

Caresser celui qui loge en mon sein lui vaudra la mort au rythme du rite païen.

Égorgée par mes ongles nus, elle pourrira, violacée d'ecchymoses.

Le temps des légendes

Miroir

Nous lui tendons l'objet,
Le saisira-t-elle ?
Prendra-t-elle le risque d'y observer son reflet ?

Miroir, miroir ensorcelé
Qui plonge dans les abysses de ta psyché,
Joue avec tes fantômes du passé,
Faisant ressurgir tes regrets.

Murmure

Sur la haute colline du royaume des images,
Une haute ruine de pierres roses
Se dressait.

Souvenir d'un temps passé,
Trace d'une histoire oubliée,

Elle cache entre ses vieux remparts émoussés,
Le spectre de la silencieuse recluse.

D'elle on ne sait plus rien, on marche sur sa tombe aérée,
On piétine les cendres de cette muette muse.

La vestale désolée, la vierge emmurée

Balayée par le vent des années,
Seules les pierres se souviennent désormais
De silencieuses ombres.
Seuls les fous ou les rêveurs les entendent murmurer
La légende immonde,
De la princesse enfermée, de la sainte adulée.

Étreinte

C'est au cœur des ténèbres de la nuit que je m'éveille

Je force le bois de ma dernière demeure

Entre mes ongles longs vient s'amonceler la terre

L'argent de la lune pare d'une grâce morbide mon linceul

Et je m'élance afin de t'éveiller.

Ma peau de Diane Fanée sera ton royaume,

Mes lèvres vermeilles ton unique souhait,

Pour toi bientôt il sera trop tard,

Le charme a déjà opéré,

Il n'y a plus que moi dans tes pensées impies.

Je reviendrai chaque soir, chaque nuit,

Aussi fidèle qu'Amour à sa Fiancée,

Nuits d'ivresses et d'oublis,

Nous serons princes d'éternité.

Et lorsque toute force m'aura quittée,

Lorsque je ne serai plus qu'un corps décharné,

Que la froideur de la mort reprendra ses droits,

Tu m'offriras

Ô rien qu'une goutte ne t'en fais pas

Le précieux antidote qui coule en toi.

Alors voilà que je poserai ma bouche asséchée contre la ligne bleutée de

ton tendre cou

Et je t'étreindrai comme un lion tient sa proie

Mes blanches dents acérées trancheront la fine parcelle de peau qui me
sépare du breuvage
Et dans un baiser enchanté je prendrai ce qui me permet de parcourir
les âges.

Bête immonde

Il était une fois la plus vilaine des bêtes
Une créature sans âge privée d'une vie de paillettes
Un exclu, un marginal
Un être oublié de ce monde machinal

Dans ce château hanté, cette tour inachevée
Il vivait, empreint d'amour et de poésie
Aucun regard pourtant pour éveiller
La flamme de tendresse et d'envie
Qui lui aurait offert
La plus douce des vies
Viendra-t-elle cette âme jumelle ?
Celle prête à partager tous les jours et toutes les nuits
D'une bête tombée dans l'oubli

L'une de nous

Trois figures s'agitent
Que font-elles en cette nuit sans lune ?
Rouets, fils et chaudrons les entourent
De leurs gorges s'élève soudain un chant ancien
Une prière, une plainte.

Elles observent, elles espèrent
Qu'au petit matin, sur la lande couverte de brume,
La Dame passera en tenant dans ses longs et frêles bras
La dépouille du vieux roi.

Six yeux pleurent des larmes de fiel
Tandis que trente griffes lacèrent
La fine peau de leurs bras nus

Au loin, on peut encore voir le brasier
Où reposent, à présent, leurs sœurs calcinées,
Brûlées sur l'ordre d'un fou couronné.

Chemin d'automne

Les chemins d'automne nous conduisent inexorablement aux bois.
Nos pas, comme sous le joug d'un sort ancien, s'aventurent en ces
sylvestres endroits.
Alors, on ressent
L'humaine peur de se perdre dans la sombre forêt
L'animal instinct d'être enfin en paix.
La promenade du jour propose un éclatant spectacle
Un recoin oublié
Un lieu enchanté
Où tout semble s'être arrêté.
Plus d'agitation, plus un son.
Les yeux sont invités à contempler le cœur de ce tableau

Dans l'épais et vert lit de mousse elle repose,
Son corps tendrement enlacé à jamais par les racines des arbres sans âges
Son visage plantureusement croqué par quelques bêtes enragées
Ses entrailles avidement labourées par les rampants de passage.
Chaperon à jamais auprès du loup,
Princesse endormie sans plus de baiser pour s'éveiller,
Ophélie noyée de rosée,

Aimables promeneurs voici,

Quel est

À présent

Mon doux et charmant portrait

(R)éveil

J'ai dormi cent ans,
Cent ans à voir le monde à travers mes brumes,
Cent ans de passivité,
Cent ans d'isolement,
Cent ans de naïveté,
Immobile telle l'épée dans l'enclume.

Je m'éveille à présent,
Prête à déferler sur le monde comme une furie,
Prête à gronder,
Prête à rugir,
Prête à venger,
Armée de la chouette et du bouclier contre votre barbarie.

Je m'éteindrai couverte du vermeil des malfaisants,
Apaisée sera ma soif d'équité,
Apaisé sera mon spectre de droiture,
Apaisée sera ma vertu gâchée,
Apaisées seront mes mémoires outragées.

Le bal

Effervescence d'un bal
Bulles aux lèvres portées
Lumières chaudes, idéales !
Œillades appuyées
Enivrante mélodie
Valse des froufrous et taffetas
Où s'accordent Lord et Ladies
Bras enlacés
Corps emmêlés
Âmes emportées
Robes lourdes et légères à la fois
Sourires maquillés du plus bel éclat

Il n'en fallait pas plus pour perdre la belle Emma

Le temps des mots

Chant de mon être

42

La littérature parle à mon esprit
Le théâtre parle à mon cœur
La poésie parle à mon âme

Sans les mots je ne suis rien
Sans leurs échos je n'éprouve plus rien

Secret d'éternité

Plus que jamais je rêve d'arrêter le temps
Pour que les aiguilles cessent leur folle course
Que plus rien ne s'échappe vers la cruelle Source
Voir la barque du passeur stagnant sur l'Étang

Cette valse que l'on nomme vie ne peut-elle
Reprendre son souffle et remonter au passé ?
Revivre l'âge innocent, ne plus être grand
Personne ne peut résister à ce souhait

S'envoler un soir vers le pays de nulle part
Faire que je revienne à tous mes jeux d'enfant
Entourée de celleux partis au fil des ans
C'est ce que promet le pouvoir secret de l'Art

Lever de rideau

Peu à peu le noir s'installe,

Seuls de légers murmures sifflent encore avant que le rideau ne s'ouvre.

Tous attendent, impatients

Leurs yeux se fixent au centre du plateau,

Ils sont prêts.

Prêts à croire à nouveau,

Prêts à redevenir des enfants,

Prêts à aimer, à haïr, et à pleurer.

Il n'est qu'un lieu offrant l'illusion de l'immortalité,

Un endroit où reprennent vie, chaque soir, les fantômes des siècles passés,

Combien de voix ont exprimé les doutes du prince d'Elseneur ?

Et de Phèdre fait résonner les pleurs ?

Possessions exquises, oublis de ses chairs,

Ne respirer qu'une fois le rideau tombé,

Rangeant son masque jusqu'au soir d'après.

La fée

J'ai longtemps rêvé d'être une fée,
Pas une jolie petite fée,
Pas un être curieux de la forêt.

Je voulais avoir les pouvoirs d'une fée,
Le pouvoir de faire rêver,
Celui de captiver et d'enchanter.

Une bonne fée offrant à celleux capables de l'écouter,
La chance de pouvoir modifier leur passé,
De croire que tout peut se transformer.

Mais pour cela, il faut que je retrouve le chemin de la lumière en moi,
Il faut que je laisse le feu se rallumer,
Il faut que j'accepte d'oublier, de pardonner.

Faire rêver avec des mots et des images,
Apporter le temps d'un songe un peu de magie,
Transmettre mes colères, mes amours, mes doutes, mes joies et mes rages.

46

Le don des Dieux

Peut-être est-il temps de rendre aux Dieux le don qu'ils m'ont offert ?
Orphée a-t-il souhaité un jour briser sa lyre ?
Botticelli de brûler son Printemps et sa Vénus si chère ?

Mélancolie qui m'habite comme une maîtresse insatiable,
Je te chéris autant que je te redoute,
La double vue que tu m'as (im)posée me réjouit et m'épouvante.

Comment vivre auprès des Hommes ainsi ?
Comment survivre à la longueur des jours et à la solitude de mes nuits ?

N'être plus que mortelle et ne plus me poser la question du chemin,
Sans doute est-ce le terrible souhait qui prend chair en mon sein.

Muse viens à moi, parle-moi, console-moi, berce-moi,
Que je reprenne ma route,
Et que je livre aux humains la clé de mon Univers.

Au temps des miens

À l'enfant

Un jour m'en prit de me rendre chez un Antiquaire,
Sa caverne renfermait mille et un trésors,
Des bibelots d'âges dépassés posés sur de somptueux reliquaires,
Des tableaux déchirés où luisaient de flambants conquistadors,

Et posée dans l'obscur fond de la pièce,
Une maie.

Il y avait dans cette vieille maie,
Une malle, si petite et abîmée,
Oubliée sous la poussière.

Je me sentais alors comme Carter devant
La porte du plus fastueux tombeau de tous les temps.

Prenant
Soufflant
Ouvrant

Je découvris le plus précieux des présents,
Les souvenirs d'un enfant.

Billes, cartes illustrées, coquillages et fleurs séchées,

Et dans une poche cachée,
Se trouvait dessiné le plus cher des rêves,
Une étincelante voie lactée.

Aux miens

Tendres et joyeux sont les jours de fête en mon foyer

L'on décore le précieux sapin tandis qu'un doux feu crépite dans la cheminée

L'on prépare mille et une fournées de sablés parfumés

Les touches du piano glissent sous nos doigts

Résonne en chœur l'harmonie de nos voix

Les lumières brillent dans nos yeux et cœurs

On attend la venue du plus grand des acteurs

Celui de rouge, de magie, et de souvenirs d'enfance vêtu

Celui apportant les présents tant attendus

Mais sachez qu'il n'est pas plus précieuses étrennes

Que celles d'être auprès de vos parents, parrains et marraines

Et de tous ceux que vous avez choisis

Pour faire partie de votre famille.

À ma *dansœur*

Il est une personne que je souhaite protéger,
Que j'espère faire rêver.

C'est celle qui partage mon sang,
Et tous mes rêves d'enfant.

Ma jumelle d'un autre âge,
Celle qui avec qui j'ai entrepris nombre de mes voyages.

À toi qui comptes beaucoup plus que tu le ne crois,
Celle que je nomme la plus belle partie de moi.

Nous pouvons nous retrouver sur :

Instagram : @les_yeux_pers / @barroco.podcast
Youtube : @barrocolectures-podcast
Spotify : Barroco
Twitch : Barroco_Culture

Vous pouvez me soutenir sur :
Patreon : BarrocoCulture
Ko-Fi : barroco.culture